Couvertures supérieure et inférieure
manquantes

RÉPONSE
AU
DEUXIÈME ARTICLE DE M. ALART
SUR LES
PATRONNES D'ELNE.

PAR M. F. CAMPAGNE,
avocat.

Les hommes judicieux et réfléchis ont vu avec un sentiment de surprise et de dégoût la manière à la fois indécente et acerbe dont M. Alart a essayé de réfuter l'opuscule que je venais de publier. Ceux qui n'en avaient pas encore pris connaissance, s'étaient déjà doutés que mon tort devait être probablement le tort de mon contradicteur qui, en effet, n'a rien répondu à ce que j'avais relevé dans sa première Notice et qui était en opposition avec ce qu'il avait voulu prouver. C'est là le secret et la cause de son humeur qui s'est exhalée en sarcasmes et en invectives. *In vitium ducit culpæ fuga.* Je vais reprendre en sous-œuvre les points culminants du système de M. Alart, et l'on verra s'il lui appartenait de s'arroger ce ton de superbe assurance et d'insulte, lui, qui pour soutenir sa thèse, tantôt, n'a tenu aucun compte de mes principaux arguments, tantôt, est tombé dans des contradictions et des écarts, comme n'en offrit jamais l'argumentation d'un homme grave et éclairé.

Du reste, tout ce qui a été écrit sur cette question par M. Alart et moi, sera transmis à des juges compétents et nos arguments respectifs seront examinés et appréciés en haut lieu.

J'ai cherché à démontrer dans ma Dissertation sur la patronne d'Elne, qu'avant qu'il ne fût question dans son église des saintes de Mérida, une sainte Eulalie y était uniquement vénérée et que ses reliques y figuraient seules. M. Alart, qui veut à tout prix que lesdites saintes aient toujours été titulaires de l'antique cathédrale, a prétendu, dans son deuxième écrit, que dans les siècles antérieurs au XIVe, les reliques de sainte Julie y étaient également révérées, car il comprend très-bien, que ce n'est qu'à l'aide de cette supposition qu'il peut attribuer à cette sainte le titre de co-patronne; et qu'en la donnant ainsi pour compagne inséparable de sainte Eulalie, il fera sombrer l'Eulalie qui dans les temps reculés apparaît comme titulaire exclusive du diocèse. M. Fossa avait déduit du silence de toutes les chartes jusqu'en 1340 au sujet de sainte Julie, que celle-ci n'avait point partagé avec sainte Eulalie le caractère de patronne. Mais M. Alart raisonne différemment, il a une tout autre logique et tire du silence même des anciens monuments à l'égard de sainte Julie une conséquence opposée, et décide enfin, au moyen d'une hypothèse toute gratuite, que pendant que la châsse de sainte Eulalie était en 1285 sur le maître-autel, celle de sainte Julie y était aussi sur le côté gauche. On va voir que le récit de G. Cerra, sur lequel se fonde M. Alart, confond entièrement son allégation. Que dit en effet Cerra ? qu'il a vu briser et mettre en pièces la châsse renfermant les reliques de sainte Eulalie et avec elle, les statuettes qui étaient sur le côté droit de l'autel : *Vidi fregi seu dirui quamdam capsiam seu arcam fusti coopertam de argento super deauratam cum imaginibus que erant ex parte dextera; in qua caixia seu arca erant ossa corporis sancte Eulalie.* Il est évident que les mots : *que erant ex parte dextera*, se rapportent à *imaginibus* et nullement à la châsse de sainte Eulalie qui devait être au milieu de l'autel (1).

---

(1) Il m'importe peu, dans l'intérêt de ma thèse, que le corps de la Sainte fut intégralement ou non dans la châsse. M. Alart, qui s'est attaché à épiloguer sur des détails insignifiants, a fait, à cet égard, une ridicule querelle, en s'écriant que G. Cerra n'a pu se livrer, dans ce moment, à un cours d'ostéologie, pour vérifier si le corps de sainte Eulalie y était en entier. Or, celui-ci a dit d'un côté : *tota ossa corporis*, ce qui, dans le langage de l'époque, signifie : *ossa totius corporis*; et d'un autre côté, il énonce qu'il a pris une esquilla de chacun des bras de la Sainte.

M. Alart aurait dû nous expliquer comment Cerra, à qui certes on ne saurait supposer la connaissance de l'anatomie, a pu savoir et déclarer qu'il avait retiré ces deux esquilles des bras de la Sainte et non des autres membres, s'ils ne s'y trouvaient pas tous réunis.

Où était la prétendue châsse de sainte Julie que M. Alart affirme occuper alors le côté gauche de l'autel ? Eh quoi! G. Cerra assiste à la destruction de tout ce qui était sur l'autel de sainte Eulalie et ne dit pas un mot de sainte Julie ? Les soldats français ne se bornent pas à briser la châsse de sainte Eulalie ; ils font subir le même sort aux statuettes qui se trouvaient aussi sur l'autel et ils auraient respecté la châsse de sainte Julie! L'histoire nous apprend que ces forcenés n'épargnèrent rien dans les églises d'Elne, ainsi que l'atteste d'Esclot, *qu'ils volèrent et brisèrent les croix et les images des saints qui y étaient et les jetèrent pour qu'il n'en restât plus rien, aussi bien que les reliques des saints qui tombèrent sous leurs mains ;* et M. Alart veut qu'ils eussent uniquement laissé intactes les reliques de sainte Julie ! Et c'est M. Alart, qui avait lui-même cité ce passage d'Esclot, qui s'insurge contre un témoignage qu'il a produit et vient faire une si fausse supposition et se contredire lui-même ! Il est à remarquer que G. Cerra ne s'informe de quel saint ou de quelle sainte sont les reliques qu'il a vu disperser sur le pavé, qu'après qu'il en a déjà recueilli dévotement, dit-il, deux esquilles. S'il y avait eu des reliques provenant de deux châsses différentes, outre qu'il n'aurait pas manqué de le dire, pourquoi aurait-il opté pour les unes plutôt que pour les autres, puisqu'il ignorait en prenant ces deux fragments, à quel saint appartenaient ces reliques? Mais non, il ne parle que d'une châsse, *quamdam capsiam*, il est donc évident que cette châsse qui fut détruite sous ses yeux, était la seule qui fût sur l'autel.

Les reliques de sainte Julie, comme celles de sa compagne de Mérida, n'échappèrent aux dévastations de 1285, que parce qu'elles étaient encore dans leur tombeau, qu'elles étaient ensevelies sous terre : *sub terrâ sepulta,* d'où elles ne furent retirées qu'en 1340. Mais, M. Alart qui veut aujourd'hui que les reliques de ces deux saintes figurassent ensemble sur l'autel en 1285, oublie qu'il a déclaré dans son premier écrit, que : *c'est à partir de 1340 que l'Église d'Elne se glorifia de les posséder.*

Or, si ce n'est qu'à partir de 1340 que l'église d'Elne s'est glorifiée, suivant M. Alart, de posséder les reliques des saintes de Mérida, comment se peut-il que, suivant lui-même, celles de sainte Julie fussent exposées sur l'autel en 1285 ? Si M. Alart ne craint pas de tirer de fausses inductions des documents qu'il a invoqués, il devait tout au moins se mettre d'accord avec lui-même. On voit, d'après cela, combien son opinion est incertaine et flottante et qu'on ne peut accepter ses dires successifs que sous bénéfice d'inventaire.

Je suis étonné qu'après avoir ainsi méconnu la teneur des documents précités, M. Alart n'ait pas appuyé son énonciation actuelle sur une raison qui eût été spécieuse de prime abord, sans sauver néammoins la contradiction dans laquelle il est tombé; c'est que sainte Julie étant gravée sur le sceau épiscopal en 1244, il était vraissemblable que ses reliques fussent sur l'autel en 1285. Mais s'il avait présenté cette raison, je lui aurais répondu, qu'en vertu du narré apocryphe, on savait en 1244 que les reliques de sainte Julie, comme celles de sainte Eulalie de Mérida, étaient sous l'autel; qu'à cette époque l'église d'Elne croyait donc les posséder, mais que, n'ayant été extraites qu'en 1340 du sépulcre qui les renfermait, elles n'avaient pu être sur l'autel en 1285. Que, dans le cas contraire, il faudrait supposer, qu'après que la châsse de sainte Eulalie eut été brisée en 1285, ses reliques, qui jusque là avaient toujours été en évidence sur l'autel, furent déposées dans une tombe pareille à celle où a été inhumé le curé Gabis, laquelle est pratiquée sous l'autel des saintes Épines à Saint-Mathieu. Une telle hypothèse se détruit d'elle-même. M. Alart n'a pas dit un mot sur cette partie de mon écrit où j'ai démontré d'après les règles de l'Église attestées par les Pères et les Canonistes, que les reliques des saints n'avaient jamais été placées comme l'étaient celles attribuées aux deux saintes de Mérida qui gisaient dans le sépulcre le plus vulgaire, ce qui, selon l'expression de Gui de Terrena, leur faisait crier vengeance : *sub terrà sepulta, clamabant in vindictam*. Cette sépulture sous l'autel, ainsi que je l'ai établi, était anciennement affectée aux évêques. Quand il se trouve en face d'arguments qui heurtent de front son système, M. Alart ne discute pas, il manœuvre et cherche ainsi à donner le change au lecteur.

Il est donc bien constant, comme je l'ai soutenu dans mes deux écrits, que sainte Julie n'a fait son apparition dans l'église d'Elne qu'avec sainte Eulalie de Mérida; d'où il résulte que la sainte Eulalie qui y était seule vénérée dans les siècles reculés, était parfaitement distincte de celle-là. Cette vérité constitue un fait capital qui domine tout et dont la conclusion inévitable et nécessaire est qu'une patronne du nom d'Eulalie a précédé à Elne celle de Mérida. Les effigies des deux saintes sur le sceau épiscopal, sont, et l'on va bientôt s'en convaincre, postérieures ou concomitantes à l'émission du narré apocryphe, et bien qu'elles aient continué à orner à diverses reprises le sceau des évêques pendant un assez longtemps, elles ne prouvent rien contre le patronage antérieur de ladite sainte. C'est ce fait qui avait été mon point de départ et qui ressort d'une foule de documents que j'ai rapportés dans mon deuxième écrit et que je n'ai pas à reproduire ici (1).

M. Alart énumère quatre prélats qui, de 1387 à 1453, ont, à l'exemple de Gui Terrena, qualifié de patronnes les deux saintes de Mérida. Mais cette qualification qu'elles ont reçue de celui-ci pour la première fois, ne saurait impliquer celle de patronnes principales, ainsi que je l'ai démontré dans mon premier écrit d'après du Cange; et M. Alart n'a pu citer aucun évêque qui antérieurement à Terrena ait

---

(1) Parmi les nombreuses preuves que m'ont fournies les statuts de 1380 pour démontrer que, même depuis le décret de 1350, sainte Julie n'avait nullement le rang de patronne à la cathédrale d'Elne, j'en ai déduit une des cierges. Il résulte en effet des dispositions de ces statuts, que les divers degrés de solennité étaient marqués à ladite église par les cierges qui, tantôt, devaient être entiers soit à l'autel, soit au chœur, tantôt, seulement à l'autel et tantôt, enfin, nulle part. Le jour de sainte Julie était dans ce dernier cas; ce qui signifie bien clairement qu'on ne la traitait pas comme patronne. Les hommes graves avaient vu dans cette preuve un argument des plus sérieux et des plus concluants. M. Alart qui en a été quelque peu embarrassé, l'a trouvé *risible*. M. Alart doit être d'une humeur bien joviale qu'il soit si enclin à rire. De plus, ladite sainte n'avait pas d'octave : autre preuve irréfragable, car, tous ceux qui ont la moindre notion de la liturgie, savent parfaitement que la fête d'un patron est toujours suivie d'une octave. M. Alart semble ne pas être de cet avis. Mais M. Alart, qui ne se pique pas apparemment d'être versé dans la science des liturgistes, n'était pas dès-lors obligé de penser comme eux.

Pour établir, au contraire, que dès le XIIIe siècle, sainte Julie était déjà considérée comme patronne d'Elne, M. Alart invoque, qui le croirait? le témoignage du fragment d'un martyrologe qu'il suppose remonter à cette époque, lequel porte au 10 décembre les saintes Eulalie et Julie. M. Alart ignorerait-il que le martyrologe, qui est le catalogue des martyrs et de tous les autres saints, n'a jamais été fait pour une église particulière, mais bien pour l'Église universelle, qu'il est en conséquence le même partout? Il doit donc nécessairement mentionner pour chaque férie de la semaine tous les saints morts ou martyrisés le même jour. De ce que saint Pierre et saint Paul y figurent ensemble le 29 juin, s'ensuit-il que toute église dédiée au premier le soit aussi au second? Du reste, l'article des statuts de 1380 qui dit : *Si infrà septimanam celebretur de sancta Eulalia...*, etc., ne prouve-t-il pas à lui seul que cette sainte était seule patronne de l'église qui n'a jamais été désignée que sous son seul nom?

appelé ces deux saintes patronnes. Le missel du XIII° siècle, qui ne porte que la messe de sainte Eulalie, fait bien voir d'ailleurs qu'elles n'étaient pas encore alors révérées comme telles, puisque leur messe ne commence à figurer dans les missels qu'au XIV° siècle.

Or, si Raymond VIII, l'auteur des statuts de 1380, institua en 1396, après avoir été transféré au siége de Barcelone, un anniversaire en l'honneur de ces *vierges saintes*, spécialement vénérées depuis 1340, qu'il ne traite pas de patronnes, pas plus que le Chapitre, qui en acceptant cette fondation, se borne à dire que *leurs corps reposent dans l'église d'Elne*, ce que nous savons très-bien ; l'évêque Béronger-Batlle, en quittant le siège de cette ville huit ans avant 1340, pour aller occuper celui de Majorque, emporta des reliques d'une sainte Eulalie seule, qu'il qualifia seule de sa première épouse, comme je l'ai marqué dans mes deux écrits. Ainsi donc, avant 1340, il n'était nullement question des reliques de sainte Julie, non plus que de celles de sainte Eulalie de Mérida renfermées ensemble jusque là dans le sépulcre.

M. Alart veut-il une nouvelle preuve de cette vérité, preuve sans réplique pour lui ? Il va la fournir lui-même. Il a dit dans sa première Notice : *La cathédrale d'Elne possédait sans doute depuis fort longtemps des reliques de sainte Eulalie, dont il est fait mention pour la première fois dans une charte du 8 des cal. de mars 1140*. Les reliques de cette sainte Eulalie seule, ainsi que je le lui avais fait observer, étaient donc bien distinctes à ses yeux de celles des deux saintes de Mérida, que, selon son aveu, *l'Eglise d'Elne ne s'est glorifiée de posséder qu'à partir de 1340*.

Ces deux propositions de M. Alart, sont en quelque sorte le résumé de ma thèse contre laquelle il s'est élevé avec tant de violence pour se contredire et se réfuter lui-même.

Si M. Alart n'avait méconnu aujourd'hui cette double proposition qu'il avait si nettement émise dans son écrit antérieur, il n'aurait pas éludé en le traitant d'oiseux, l'argument par moi tiré des lampes qui concorde si bien avec ses propres énoncés. Il résulte en effet des statuts de 1380, que six lampes brûlaient nuit et jour au-dessus de l'autel où avait toujours été la châsse de cette patronne, et qu'une septième lampe, tout-à-fait séparée des six autres, était exclusivement consacrée aux reliques des deux saintes de Mérida : *Lampas corporum sanctarum Eulalie et Julie*. Ces diverses lampes donnent raison à ce premier dire de M. Alart, et ce dire attribue à ces lampes la signification que je leur avais donnée.

J'avais pensé naturellement, que les quelques sceaux offrant les images des deux saintes indiqués par M. Alart, et sur lesquels il avait observé la marche progressive de l'art, étaient les seuls dont s'étaient servis certains évêques. Il en a aujourd'hui signalé plusieurs autres, qu'il ne connaissait pas sans doute lui-même, quand il publia son premier écrit (1). Il importe peu au fond que, pendant

---

(1) Le long retard qu'a éprouvé l'impression du travail de M. de Fouchier sur *les sceaux autrefois en usage en Roussillon...*, qu'il m'importait tant de connaître, a été la cause du retard que j'ai dû mettre moi-même à la publication de cette réponse.

Il résulte de l'excellent mémoire de M. de Fouchier : 1° que le sceau portant les effigies de deux Saintes, a paru, pour la première fois, en 1244, et, pour la dernière, en 1578 ; 2° que dans l'intervalle de 1244 à 1578, on voit, sur les sceaux des Évêques d'Elne, tantôt les effigies de deux Saintes, tantôt l'effigie d'une seule, et que fréquemment enfin aucune d'elles ne s'y montre.

M. Alart, au contraire, tout en ayant soin de dire : *que ces pièces originales sont réunies aux archives du département*, dont il est le gardien, a affirmé carrément que, *depuis l'épiscopat de Gui de Terrena, ces deux effigies n'ont cessé de figurer, sans aucune espèce d'éclipse, sur les sceaux* ...

Le mémoire de l'écrivain, aussi habile que consciencieux, donne un éclatant démenti à l'assertion de M. Alart et fait justement remarquer que *l'écusson de Gui de Terrena, qui devait, quelques années plus tard, instituer une fête particulière en l'honneur des saintes Eulalie et Julie, ne porte aucune trace de leurs effigies*, pag. 215 (Bulletin de la Société des Pyrénées-Orientales, 1865).

Ah ! M. Alart, c'est ainsi que vous écrivez l'histoire ! Vous aviez certes bonne grâce de jeter le sarcasme et l'insulte à la face des gens, en niant, d'une manière si absolue, *toute espèce* d'éclipse de ces effigies ! Eh bien ! M. de Fouchier, dont vous avez invoqué l'autorité à l'appui de votre dire, vous prouve, par les documents échappés à la destruction et puisés dans vos archives, qu'il y a eu des éclipses de l'effigie de sainte Julie en 1413, 1431 et 1480 ; et des éclipses de celles des deux Saintes à la fois, en 1333, 1457, 1460, 1512, 1541, 1544 et 1556 ; à ces époques successives, les armoiries personnelles du prélat remplissaient seules le sceau épiscopal.

En présence de ces divers sceaux, si contradictoires les uns aux autres, le judicieux M. de Fouchier ne voit, dit-il, *à tirer qu'une conséquence, à savoir : que le caprice et non la règle, a le plus souvent présidé à la création de tous ces types si différents, et pourtant destinés à un même usage* (pag. 223).

Le lecteur comprendra que la saine critique ne saurait déduire un argument solide et concluant de ce qui est le pur effet du *caprice*.

Quant au Chapitre d'Elne, à qui M Alart attribue pour armoiries les effigies des deux

une période plus ou moins longue, ces sceaux aient été parfois en usage; ce qu'il importe à mon point de vue, c'est d'établir, comme je crois y avoir réussi, que le plus ancien est postérieur au narré apocryphe. La date du titre auquel ce sceau est attaché, étant de 1244, m'en avait fourni la preuve (1). Mais M. Alart rejette cette date positive pour se reporter à celle de l'avénement au siége d'Elne (1230) de l'évêque de qui émane ce titre, sur le motif, que lors de sa promotion, le prélat adoptait un sceau qui était invariablement le même pendant toute la durée de son épiscopat. Il en résulte cette conséquence, que si un événement mémorable quelconque s'était produit dans l'église d'Elne, par exemple un an après l'intronisation d'un évêque, et que son épiscopat eut été de quarante ans, comme celui de M. de Gouy, cet évêque n'aurait rien pu changer au sceau par lui d'abord adopté et aurait dû le garder tel quel pendant trente-neuf ans. Sans doute aussi que le graveur de l'antique cité ne pouvait fonctionner pour les prélats qu'au moment de leur prise de possession. En vérité, le savant M. Alart nous apprend des choses fort curieuses, incroyables et dont personne à coup sûr ne se serait jamais douté.

Ce n'est pas tout, pour appuyer son merveilleux raisonnement à cet égard, il s'est prévalu de la qualité de chanoine de l'église d'Elne qu'avait eue B. de Berga avant d'en devenir évêque, et il en conclut que ce prélat n'avait fait graver les effigies des deux saintes sur le sceau en question, qu'en pleine connaissance de cause.

L'imposante autorité vraiment que nous cite sur ce point M. Alart, puisque c'est sous l'épiscopat de Berga qu'aurait été fabriqué le narré apocryphe qui fut par lui accueilli et inséré dans le cartulaire de sa cathédrale; et que c'est par suite de la croyance qu'il ajouta à ce fabuleux récit, que nous voyons figurer pour la première fois sur le sceau épiscopal les images des deux saintes! B. de Berga paraît avoir été un bon théologien, un saint évêque, mais en fait de critique historique, il a certes bien prouvé qu'il n'en savait pas plus que ses contemporains.

Saintes, M. de Fouchier reconnaît, dans plusieurs passages de son écrit, ce que presque tout le monde sait ici, et ce qu'il constata, déjà en 1333, que le symbole héraldique dudit chapitre était l'étoile à huit rayons, comme en témoignent encore le rétable de la chapelle des Saintes à Saint-Jean, et la clef de voûte du sanctuaire de la chapelle extérieure du Christ, chapelles qui appartenaient au Chapitre.

(1) Voir dans mon deuxième écrit les pages 12 et 13.

Quant au titre de 1082, le seul qui énonce que la cathédrale d'Elne était sous le vocable de sainte Eulalie de Mérida, titre, que d'après la première expression de M. Alart qui n'en avait donné aucun détail, je devais croire avoir été fait à Solsona, puisqu'il a dit qu'il *provenait de ses archives*, il me semble fort suspect, et les efforts de M. Alart pour en démontrer l'authenticité, ne tendent qu'à me la faire de plus en plus révoquer en doute.

Comment s'expliquer, d'ailleurs, qu'un acte important, tel que l'était ce titre par son objet, acte qui aurait été dressé au nom de l'Évêque lui-même, ne figurât pas dans le cartulaire d'Elne, car il n'est nullement mentionné dans l'analyse qu'en avait faite M. Fossa, et le *Marca Hispanica* ne le rapporte pas non plus ? Le récit de G. Cerra, reçu par le curé d'Opol, bien qu'il n'eût pas été rédigé dans la cité épiscopale, ne laissait pas que d'être consigné dans ledit cartulaire, puisque c'est de là qu'il fut extrait par les auteurs du *Gallia : Ex Cartulario Helenensi,* comme il le porte en tête. Concevra-t-on, dès-lors, que le titre de fondation d'un monastère dans le diocèse d'Elne, titre procédant de l'autorité de l'Ordinaire, n'ait pas été inséré dans le recueil des 800 chartes qui intéressaient plus ou moins ce diocèse ? Qu'on eût transmis une copie de cet acte à Solsona, je le veux bien, mais c'est aux archives de la cathédrale que devait rester l'original, afin qu'il constât d'une manière certaine de l'érection légitime de ce monastère. Le récit de G. Cerra était, au contraire, on peut le dire, sans intérêt pour Elne, vu qu'il n'apprenait à cette Église rien qu'elle ignorât, et que les fragments de reliques de sainte Eulalie, dont il y est question, ne lui faisaient pas retour, attendu qu'elles ne devaient pas sortir d'Opol, le curé de cette paroisse en ayant accepté le don.

Cette pièce ne peut, dans tous les cas, être qu'une copie et non un titre original; et que sait-on si elle n'est pas d'une date correspondante à l'époque où parut le narré mensonger, si sa teneur n'a pas été altérée ?

Après tout, en supposant même que le titre original ait réellement contenu l'assertion que nulle autre charte n'a jamais présentée, faudrait-il s'étonner qu'alors qu'un prélat a adopté, quand il a été émis, le narré apocryphe, vrai tissu d'impostures, un autre prélat n'eût pas pris garde à l'erreur d'une énonciation provenant du rédacteur de l'acte de 1082, erreur comme il s'en glissait assez fréquemment dans les actes du moyen-âge ?

Si M. Alart, qui croit devoir prêter une foi entière et absolue à toutes les énonciations d'une charte, s'était trouvé là, il y a environ cent ans, et que, comme M. Fossa, il eût eu à rechercher si le Conflent avait jamais formé un comté particulier, il n'aurait pas manqué, sans doute, de se décider pour l'affirmative, lorsqu'il aurait vu, soit dans Marca, soit dans l'histoire du Languedoc, soit dans les Capitulaires, des chartes très-authentiques où cette contrée porte le nom de comté. Mais, M. Fossa, dont les connaissances étaient si vastes et si profondes, et dont l'esprit avait une si grande portée, ne fut pas la dupe du dire de ces monuments à cet égard, et, nonobstant leur témoignage formel, il déclare : *qu'il n'y a aucune preuve convaincante que le Conflent ait jamais eu de comtes particuliers; avant et après l'époque de ces chartes*, ajoute-t-il, *on trouve ce même pays communément désigné sous la simple dénomination de vallée*, et il cite des titres nombreux qui le prouvent, pag. 58. Cet habile et judicieux critique ne se trompait pas dans son appréciation, car il est bien avéré et bien reconnu, aujourd'hui, que le Conflent n'a jamais constitué un comté. Il résulte, de là, que les chartes les plus authentiques contiennent souvent de fausses énonciations qui ne portent pas sur le fond même de l'acte, et dont sait faire justice un homme vraiment éclairé. C'est de ces énonciations erronées qu'il est dit : *vitiantur et non vitiant*. Il est en conséquence facile de présumer quel aurait été le sentiment de M. de Fossa sur l'énoncé en question de la charte de 1082, dénuée d'ailleurs de tout caractère d'authenticité, et qui, bien moins concluante dès-lors que celles ci-dessus, ne lui aurait, à plus forte raison, offert *aucune preuve convaincante* que sainte Eulalie de Mérida fût, à cette époque, la patronne d'Elne, attendu que nul des 800 monuments que renfermait le cartulaire de son église, ni *avant* ni *après* la date de 1082, n'a exprimé que cette Sainte fût titulaire de l'ancienne cathédrale, ainsi que je l'ai fait voir dans mon deuxième écrit.

Du reste, les documents dont j'ai encore à parler vont donner un nouveau démenti à l'assertion que présente seul cet acte de 1082.

Les archives du département ont révélé à M. Alart que la fête de la patronne d'Elne était célébrée entre la Toussaint et Noël. Oui, sans doute, et sans la mort prématurée de M. E. Tastu, qui, parti de Perpignan encore malade, succomba bientôt après à Montpellier, j'aurais reçu, de ce laborieux et regrettable archéologue, une note, par lui prise sur le calendrier d'un très-antique manuscrit qu'il avait eu entre ses mains, à Barcelone ou à Mayorque, calendrier où le mois de décembre portait deux saintes Eulalies différentes.

Le grand prélat dont nous avons tant déploré la perte, que j'avais eu l'honneur d'entretenir de cette importante circonstance, lors de la publication de mon deuxième écrit, et qui attachait le plus vif intérêt à la question qui en est l'objet, alors que M. Alart prétend en être si ennuyé, bien qu'il s'en soit occupé deux fois sans que personne l'y obligeât, le grand prélat, dis-je, se proposait d'écrire à l'évêque de chacune de ces villes pour tâcher de se procurer une si précieuse indication.

M. Alart ne s'est pas douté qu'en signalant cette immense et magnifique assemblée, composée de pontifes, de comtes, de seigneurs et d'une multitude innombrable de bons hommes venus de différentes villes, assemblée qui eut lieu à Elne le 10 décembre 1054, il a soulevé un argument qui tourne tout entier contre lui.

Je crois avoir pleinement démontré que, contrairement à l'opinion émise par l'auteur seul des Notices sur Elne, ce titre est l'acte de la dernière dédicace de l'église Sainte-Eulalie, ainsi que l'ont reconnu Carrère, Fossa, etc. Aux preuves que j'ai produites je joins les suivantes, qui démontreront, de plus en plus, que ce n'était que pour les dédicaces des églises qu'on voyait se réunir des assemblées de la nature de celle décrite dans cette charte.

On lit dans l'acte de dédicace de la cathédrale d'Ausonne, en date du 2 des calendes de septembre de l'an 1038 : *Venit dominus Gaufredus, sedis Narbone archiepiscopus, et cum eo episcoporum sue diocesis, venerabile collegium, cum katerva præmaxima diversi ordinis clericorum, occurente simul varie dignitatis ac utriusque sexus grandi multitudine populorum.* Et à la fin de l'acte : *igitur hanc universam nostre constitutionis dotem superius promulgatam perenni lege valituram censemus.* (Collection de Fossa).

Dans celui de l'église du monastère de Saint-Laurent-de-Baga, diocèse d'Urgel, en date du 11 des calendes de décembre de l'an 922, on lit : *Venit sedis Urgelli presul.... cum summâ nobilissimorum, virorumque ac mulierum ex longinquo ibidem concurentium turbâ* (Ibid.)

Dans celui de l'église de Saint-Paul, du lieu de Py, en Conflent, veille des ides d'octobre 1022, on lit : *Simul cum jam dicto comite, et innumeris fidelium clericorum et laïcorum turmis.... donata vero à nobis est præfata ecclesia hujus dotis titulo* (Ibid.).

Cela posé, je dis que la dédicace d'une église ne pouvait avoir lieu le jour où cette église avait à célébrer une fête de 1er ordre, telle que celle du patron. C'est ce qu'établit le savant traité de G. Durand, qui écrivait 200 ans après la date du titre de 1054 ; et il est si vrai que la fête de la dédicace, fête de 1er ordre aussi, que saint Léon-le-Grand appelle : le jour de la naissance d'une église, *Dedicatio ecclesiæ, dies natalis ipsius*, fête qui a un office propre pour chaque jour de l'octave, ne pouvait coïncider avec celle du patron, dont l'octave a pareillement son office propre, que cet auteur examine le cas où la fête de la dédicace tomberait au jour d'une solennité principale mobile, tel que celui de l'Ascension, etc., et quel est, ce cas échéant, celle des d ux solennités qui doit céder le pas à l'autre ; ce qui démontre bien qu'on n'a jamais procédé à la dédicace d'une basilique le jour d'une solennité majeure fixe, comme celui de la fête du patron.

Il est en conséquence bien manifeste qu'on n'avait pu choisir à Elne, pour la dédicace de la cathédrale, le jour consacré à la *fête de la patronne*, qui depuis plusieurs siècles était sainte Eulalie, si cette sainte avait été celle de Mérida, qui a toujours été portée au 10 décembre. Les principes exposés à cet égard par G. Durand ont été successivement développés par les canonistes, et en particulier par Francès, l'auteur du *Traité des églises cathédrales*, pag. 622, qui s'appuie sur les Saints Pères.

C'est apparemment la confusion qui se serait produite à Elne, peut-être à diverses reprises, au sujet de ces deux saintes Eulalies, qui a fait donner une fausse date à la dédicace de la cathédrale, car une erreur en enfante une autre : *abyssus abyssum invocat*. On a vu en effet, dans mon deuxième écrit, que cette dédicace était fixée au 7 octobre 1062, et c'était réellement ce jour là qu'avait lieu son anniversaire, ainsi qu'en témoigne la note provenant de cette église, consignée sur un registre de 1782, note que j'ai fait voir n'être qu'un tissu d'anachronismes et d'erreurs. Or, il n'existe aucun titre authentique qui constate que l'église d'Elne a été dédiée en octobre 1062. Il est de principe, d'ailleurs, qu'un temple qui a été consacré ne peut l'être une seconde fois : *templum semel consecratum iterùm consecrari nequit* (Van-Espen. — T. 1, pag. 630).

M. Alart ne peut disconvenir que les reliques des saintes de Mérida ne fussent fausses ; il ne peut nier non plus que la date d'octobre 1062, relative à la consécration de la basilique, ne soit fausse aussi ; pourquoi dès-lors se refuser à admettre que lesdites Saintes, mentionnées pour la première fois dans un titre faux, n'étaient pas les vraies patronnes ? Mais si l'église d'Elne, trompée par des écrits apocryphes, a erré sur quelques points de fait, à des époques où l'on était totalement dépourvu de critique, et où l'on était privé des titres primitifs, on doit dire que, d'un autre côté, elle s'est rendue éminemment recommandable, puisque c'est grâces aux lumières théologiques qu'ont fait briller constamment et ses prélats et son clergé, qu'elle a toujours su se préserver de l'erreur en matière de doctrine et de dogme, et qu'elle n'a cessé de maintenir notre diocèse dans toute la pureté de la foi.

De même qu'il a passé sous silence tout ce que j'avais relevé dans son écrit, M. Alart s'est attaché à éluder mes principaux arguments. Chaque fois qu'il s'est trouvé en face d'une preuve qui l'embarrassait, ou il n'en a fait aucune mention, ou il y a riposté par un sarcasme; ainsi, au lieu de l'aborder et de l'attaquer de front, il lui a tourné bravement le dos. Il en a agi de la sorte notamment à l'égard des vieux missels d'Elne, et surtout de celui de 1509; il n'a pas daigné s'y arrêter un instant, et comme des autres preuves qui déposent contre lui, il a l'air de n'en faire aucun cas.

Mon contradicteur ignore peut-être de quelle importance est, pour une question comme celle qui nous occupe, le témoignage d'un missel, témoignage irréfragable et sans réplique, puisqu'il est l'expression vivante et sacrée de la croyance et du culte d'un diocèse tout entier. Le savant du Cange va le lui apprendre : le missel, dit-il, *Verbo : Missale,* est le livre ecclésiastique qui contient l'office des messes. Composé d'abord par le pape Gélase, il fut ensuite rédigé dans un ordre plus parfait par saint Grégoire-le-Grand, qui lui donna le nom de *Sacramentaire* ou de *Livre des Sacrements.* Cette dénomination attribuée au missel par l'un des plus grands papes, démontre à quel point un livre semblable fait autorité, car tout y a été pesé, sévèrement examiné, et y a été l'objet de la plus rigoureuse critique, puisqu'il émane directement du prélat et de l'élite du clergé de l'église particulière pour laquelle il a été composé, et qu'il est exclusivement en usage chez elle, c'est-à-dire dans tout le diocèse.

Ainsi, lorsque le Souverain Pontife a consulté toutes les Églises du monde, touchant la tradition de chacune d'elles sur l'Immaculée Conception, l'évêque d'Arras a exposé au Pape qu'un missel de sa cathédrale, imprimé en 1517, porte une messe de la Conception, dont la collecte dit expressément que : *Marie avait été préservée de toute tache du péché.*

Le célèbre Mgr. Parisis n'a pas cru trouver une preuve plus formelle et plus éclatante de la croyance où était son diocèse, depuis 1517, au sujet de l'Immaculée Conception et du culte qu'il avait voué à cette éminente prérogative de la Vierge, puisque cette preuve résultait du texte même d'un missel (1).

---

(1) V. *Traité historique et dogmatique de la définition du Dogme de l'Immaculée Conception de la très-sainte Vierge,* dédié à M. Parisis, évêque d'Arras, par M. l'abbé Robitaille, chanoine d'Arras.— 1857, pag. 44.

Il faut remarquer, dit le même écrivain, p. 273, que les Liturgies ne forment pas une preuve isolée, comme un ou plusieurs textes des Pères et des Docteurs. Elles sont l'expression des croyances de l'Église et constituent son enseignement ordinaire qui détermine la foi des fidèles.

Or, que voit-on dans les divers missels selon le rit d'Elne, et spécialement dans celui de 1509, qui exprime en toutes lettres : *Missale secundùm usum ecclesiæ cathedralis Elnensis?* Une messe d'abord pour sainte Eulalie, précédée des mots : *et primò de sanctà Eulaliâ.*—*In festo sanctæ Eulaliæ,* qui est incontestablement celle de la patronne, messe propre, dans la collecte de laquelle on lit : *quæ in præsenti requiescit patriâ;* et puis, en seconde ligne, une messe pour sainte Eulalie de Mérida : *De sanctà Eulaliâ Emeritâ,* messe tirée du commun des vierges et martyres, ainsi que l'observa l'un de nos ecclésiastiques les plus instruits, à qui je soumis l'examen de ce missel, qu'il reconnut fournir à ma thèse l'un des arguments les plus concluants, auquel il n'y a rien à opposer.

Ce missel était, sans contredit, universellement suivi dans tout le diocèse dont sainte Eulalie était la patronne, et si son contenu, en ce qui concerne la messe de cette sainte, n'avait pas été fondé sur une croyance certaine, n'avait pas eu sa raison d'être, on se serait infailliblement récrié, on aurait protesté contre une erreur manifeste pour tout le monde.

La disposition si explicite de ce missel, indépendamment de ceux qui l'ont précédé, démontre, d'une manière de plus en plus évidente, que les sceaux à deux effigies, reproduits après son impression, ne peuvent en effet, selon que l'a dit M. de Fouchier, être que l'œuvre du caprice, puisqu'ils sont en opposition si directe avec ce document irréfragable et sacré.

Que conclure, en conséquence, du texte de ce missel, si ce n'est que notre diocèse vénérait, comme sa patronne, une sainte Eulalie autre que celle de Mérida? C'est pour la troisième fois que je reproduis cet argument que M. Alart a toujours laissé sans réponse. Or, cette sainte Eulalie est évidemment la même que celle dont la messe figure seule encore dans le missel du XIII° siècle (1); celle pour qui brûlaient les six lampes suspendues au-dessus de son autel; celle, enfin, dont les reliques, de l'aveu de M. Alart, existaient à la cathédrale d'Elne longtemps avant que cette église ne possédât les reliques des saintes de Mérida.

---

(1) Ce n'est point par de vagues conjectures, mais par une raison péremptoire, que j'ai rapporté ce missel au XIII° siècle. La messe de la Fête-Dieu y a été ajoutée, après coup, tout-à-fait à la fin, avec cet intitulé : *Incipit officium novæ solempnitatis Corporis D. N. J. C. celebrandæ singulis annis feriâ V post octavam Pentecostes.* Ce missel était donc confectionné avant l'institution de ladite solennité qui date de l'an 1264.

Que cette sainte fût ou non du pays, ce n'est pas ce que je m'étais proposé de rechercher; mais j'ai dit qu'une foule de circonstances concouraient à faire conjecturer qu'elle y avait été martyrisée. Parmi les présomptions que j'ai invoquées à l'appui de cette hypothèse, je me suis prévalu d'un passage du bénédictin Hautbert, dont il est fait un grand éloge dans l'ouvrage plein d'érudition du bénédictin Argaïs. M. Alart a prétendu que la chronique attribuée à Hautbert était d'un fabulateur du XVe siècle. Si ce qu'avance M. Alart est vrai, il faut avouer que le bénédictin Argaïs est un insigne menteur. Mais comment se peut-il, si ce livre qui porte le nom d'Hautbert est en effet du XVe siècle, que Luitprand, qui vivait au Xe et Rodéric Ximénès au XIIIe, lui aient, selon que l'atteste Argaïs, fait de nombreux emprunts? Dans son premier écrit, M. Alart avait tenu pour l'auteur du livre en question Hautbert lui-même, qu'il a qualifié de *prétendu chroniqueur qui, par son nom seul*, dit-il, *semble appartenir à la plus sombre période du moyen-âge*. Je lui ai fait observer que l'unique passage que nous connûssions textuellement de ce livre, repoussait, par son excellente latinité, une pareille allégation; et il convient aujourd'hui que ce passage est d'un *style cicéronien*. Comprend-on qu'un écrit rédigé en style cicéronien puisse être celui d'un auteur de la plus sombre période du moyen-âge? On appréciera, d'après cela, la dialectique versatile et changeante de mon contradicteur, qui affirme tantôt une chose, tantôt une autre tout opposée, selon la nécessité du moment.

M. Alart énonce que, dans l'inventaire dressé en 1602, de l'argenterie, des reliquaires, etc., de la basilique d'Elne, dont j'ai parlé, *j'ai cru voir* une seconde châsse de sainte Eulalie, alors que ce document précise, ainsi que j'ai eu soin de le marquer, que ladite châsse restera à Elne. M. Alart me suppose, sans doute, sujet à ces étranges distractions qu'il éprouve! Se persuaderait-il qu'il en fut pour moi, de cette châsse, comme pour lui, de ces *centaines de titres* qu'il invoqua comme tout autant de preuves que l'église de Ruscino n'a jamais eu d'autre patronne que sainte Marie; titres qui, semblables à des fantômes que dissipe le premier rayon du jour, se sont presque tous évanouis devant l'intitulé des registres de la cure de cette même église à laquelle ils attribuent, pour patronnes, les saintes Juste et Ruffine? (1) Il en a été de ces centaines de titres

---

(1) Notre célèbre jurisconsulte M. Jaume, qui a traité dans ses écrits tant de questions du droit public et de l'histoire de notre province, n'a pas eu à s'occuper de la patronne

— 16 —

dont se jactait M. Alart, de même que des inscriptions lapidaires d'Elne qu'il avait annoncé devoir nous dérouler *l'histoire complète* de sa cathédrale, alors que depuis 1836, date de leur publication, on savait très-bien qu'elles n'en disent pas un seul mot. Mon intrépide contradicteur a gardé le silence au sujet de ces deux observations que j'avais déjà formulées.

On a dit d'Homère, qu'il sommeille parfois ; quant à M. Alart, on peut le dire, il fait plus que sommeiller, il fait parfois des rêves qu'il prend et qu'il nous donne sérieusement pour des réalités.

Le lecteur connaîtra désormais quelle est la manière de procéder de M. Alart dans les controverses ; il jugera si mon contradicteur était en droit de prendre un ton à la fois si magistral et si insultant, et de se décerner si fièrement le triomphe. Du reste, tout homme sensé et réfléchi sentira parfaitement l'effet qui se dégage de l'écrit auquel je viens de répondre.

---

d'Elne, mais bien de celles de Castell-Rossello (T. 6.— pag. 154 de ses œuvres manuscrites), et se fondant sur l'ancienne tradition, il met en fait que ces saintes Juste et Rufine ont été martyrisées à Ruscino, et signale les guérisons miraculeuses qui de tout temps ont été opérées par leur intercession.

Que n'est-il venu un siècle plus tard, ce savant vénéré, il aurait appris de M. Alart les règles de l'argumentation et de la saine critique !

Perpignan.   Typographie de J. B. Jacob, rue des Écoles-Vieilles, 11.

www.ingramcontent.com/pod-product-compliance
Lightning Source LLC
Chambersburg PA
CBHW061615040426
42450CB00010B/2501